CATALOGUE

SOCIÉTÉ
ARTISTIQUE ET LITTÉRAIRE
DES BOUCHES-DU-RHONE.

CATALOGUE

DES

TABLEAUX, DESSINS ET OBJETS D'ART,

EXPOSÉS

au Musée de Marseille.

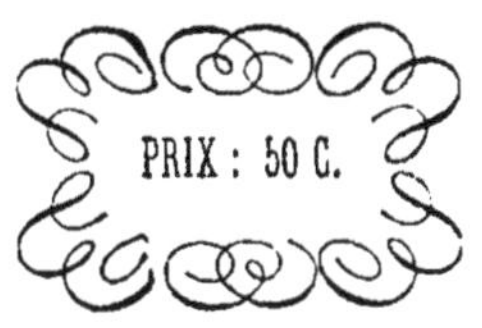

MARSEILLE
IMPRIMERIE JOSEPH CLAPPIER, RUE SAINT-FERRÉOL, 27.

1851

AVIS.

Le public est admis à l'exposition, les jeudi et dimanche de chaque semaine.

Les mardi, mercredi, vendredi et samedi sont réservés aux seuls Actionnaires ou aux porteurs de billets de série. Le délégué de la Société, au Musée, est chargé de la délivrance de ces billets, qui donnent droit, à la fin de l'exposition, à participer au tirage de la loterie des Tableaux et Objets d'Art qui auront été acquis par la Société.

Les listes de souscription, se trouvant encore en circulation, ne seront imprimées qu'à la fin de l'exposition et seront délivrées alors gratuitement aux porteurs du présent Catalogue.

CATALOGUE

DES

Tableaux, Dessins et Objets d'Art,

Exposés au Musée de Marseille.

PEINTURE ET DESSINS.

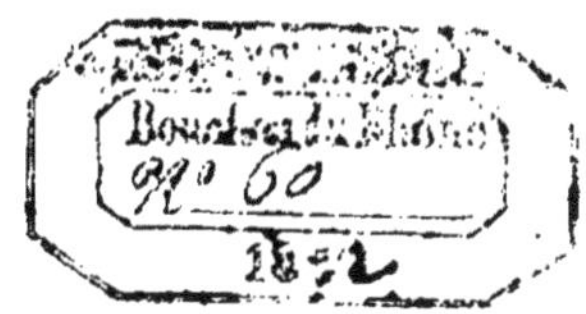

ACCARD (E.),
rue Pigale, 66, à Paris.

1 Femmes à la Fontaine.
2 Musiciens nomades des environs de Naples.

—

ANASTASI (Auguste),
rue de la Planchette-Saint-Antoine, 4.

2 *bis*. Paysage,
Donné à la ville de Marseille par le ministre de l'intérieur.

—

ANDIRAN (D') (Frédéric),
rue du Calvaire, 1, à Nantes.

3 Pont aqueduc de Roquefavour. *Aquarelle*.
4 Souvenir de Cauterets. *Dessin au fusin*.

5 Vue prise à Clisson (Loire-Inférieure).
6 Plage de la Teste (Gironde). *Aquarelle.*
7 Vue des bords de la Loire. *id.*
8 Vallée des Larmes. *id.*
9 Marais de Marans (Charente). *Pastel fixé.*

—

ANTIGNA (Alexandre),
rue de l'Est, 35, à Paris.

10 Le Départ pour l'école.
11 La Sortie de l'école.

—

ARNAUD,
à Marseille.

12 Portrait de M. ***.

—

BACCANI,
à Marseille.

13 Portrait d'homme.
14 Portrait de Mme ***.
15 Offrande à la Sainte-Vierge.

—

BACCÜET,
rue Notre-Dame-de-Lorette, 46, à Paris.

16 (Constantine). Vue prise de la place au Marché. *Fixé.*
17 (Constantine). Vue prise du côté du pont d'Alcantara. *Fixé.*

—

BALFOURIER (Adolphe),
rue Bleue, 11, à Paris.

18 Lac de Némi (Etats-Romains).
19 Plantation d'orangers, à Valledemura (Mayorque).
20 Environs de Carthagène (Espagne).

BARRIAS (Félix),
rue de l'Entrepôt, 37, à Paris.

21 Sapho d'Erèze.

—

BARTHÉLEMY,
rue du Delta, 19, à Paris.

22 Les Pilleurs de mer bretons, par une nuit d'orage, vont harponner les dépouilles que leur jettera la mer après le naufrage.

—

BARRY (François),
rue de Clichy, 92, à Paris.

23 Vue des Goudes.
Ce tableau appartient à M. E. Barry.
24 Marine.
Ce tableau appartient à M. P. Roubaud.
25 Effet de clair de lune. — Marine.
26 Bord de plage (Environs de Trouville).
27 Une Tempête.
Pastel donné à la Société par l'auteur.

—

BATUT,
de Marseille.

28 Etude de fruits. *Pastel.*
29 Tête d'étude. *Pastel.*

—

BAUGÉ (Mlle) (Amélie),
de Marseille.

30 Une jeune mère faisant prier son enfant.
31 Une tête brune. (Fantaisie.)
32 Une tête blonde. (Fantaisie.)

—

BAUDIN (Mme),
de Marseille.

33 L'Anneau du Doge de Venise. D'après Paris Bordone.

34 Porteuse d'eau de Venise, dite *la Bigolante*.
35 Portrait (tête).

—

BEAUME (Joseph),
rue d'Enghien, 12, à Paris.

36 La jeune Convalescente.
37 L'Avare.
38 L'Amateur.
39 Chasse au Marais.
40 La Mort de Charles-Quint, au Couvent de Saint-Just.
41 Intérieur d'une cour.
42 Oisiveté.
43 Epreuve avant la lettre de la gravure du tableau *l'Oisiveté*, donné à la Société par M, Beaume.

—

BELLANGÉ (H.),
de Paris.

44 Les Adieux du Trompette.
Tableau appartenant à M. Racine.

—

BILLET,
de Marseille.

45 Le Dernier banquet des Girondins (Episode de 1793).
46 Portrait d'homme.
47 Portrait de femme.
48 Portrait de M. ***
49 Portrait de Mme ***

—

BILLOTE,
à Paris.

50 Deux grands politiques.

—

BLANC (Célestin),
de Marseille.

51 Portrait d'homme.
52 La Fuite en Egypte.

BOUILLON-LANDAIS,
de Marseille.

53 Intérieur du Port. D'après nature.
54 Vue du cap Jeannet.

—

BONEFOL,
chez M. Hamon, rue Lemercier, 33, aux Batignoles, près Paris.

55 Jeunesse. (Tête d'étude.)

—

BONNARD (Mlle),
à Marseille.

56 L'Accordée du village. D'après Greuze. *Pastel.*
57 La Courtisanne. D'après Sigalon. *Pastel.*
58 Deux jeunes Filles. D'après Muller. *Pastel.*

—

BONNARD (Corentin),
de Marseille.

59 Une jeune Fille.

—

BOULANGER (Louis),
rue de l'Ouest, 36, à Paris.

60 Le roi Lear et son Fou, pendant la tempête.
61 Une Bohémienne. (Souvenir de Séville.)

—

BRUNE (Mme) (A.),
rue des Beaux-Arts, 8.

62 Tête de jeune fille (Etude).
63 Jeune femme à sa toilette.
64 Une Bergerie.

—

CAHIER (Léon),
à Marseille.

65 Reposoir, exécuté pour le Cercle Religieux, à Marseille, le

7 juin 1850. *Dessin au lavis.*
66 Projet de Reposoir. *Dessin au lavis.*

—

CALAMATA (Mme) (Joséphine),
rue Jean-Jacques-Rousseau, 3, à Paris.

67 Saint-Antoine et l'Enfant Jésus.

—

CALS (A),
rue Saint-Jean, 6, à Montmartre, près Paris.

68 Nature morte.
69 Nature morte. (Effet de lampe).

—

CAMOIN (A),
de Marseille.

70 La Femme du Pêcheur. *Aquarelle.*
71 L'Attente. *Aquarelle.*

—

CARMAGNOLE (Adolphe),
à Aix, rue Pont-Moreau, 19.

72 Demi-figure, de grandeur naturelle, dans une pose d'étude. *Pastel.*
73 Portrait du jeune Mignon, des Jeux de la Fête-Dieu, à Aix. *Pastel.*
74 Portrait de l'Artiste. *Pastel.*

—

CARTIER (Fortuné),
à Marseille.

75 *Mater Dolorosa.*
76 Le Sauveur au Jardin des Oliviers.
77 Sainte Thérèse.

78 Portrait de M. J.-E.-L. *Dessin.*
79 Angelico de Fiezole, offrant ses pinceaux à Dieu.

—

CASSIEN (Victor),
à Marseille.

80 Paysage *à la mine de plomb.*
81 Paysage *à la mine de plomb.*

—

CAUVIN (Edouard),
Professeur à l'Ecole de Dessin, de la marine, à Toulon (Var), rue Neuve. 32.

82 Vue de Moullières, aux environs de Montrieux (Var).
83 Vue d'une Marbrière, aux environs de Brousseaux (Var).

—

CICÉRI,
à Paris.

84 Rue de Village.
Tableau appartenant à M. B.
85 Vaches au Pâturage.
86 Marais.

—

CLÉSINGER (J.-B.-A.),
Rue Victor-le-Maire, à Paris.

87 Un Portrait *à la mine de plomb.*

—

CLINCHAMP (De),
à Marseille.

88 Pyrrhus, ayant égorgé Priam sur le corps de Politès, loin de ses fils, insensible à la douleur et aux larmes de sa famille, réfugiée au pied de l'autel des Dieux domestiques, arrache Polixène des bras d'Hécube, afin de l'immoler sur le tombeau d'Achille.

CHAMP,
de Marseille.

89 Vue prise à Saint-Henry.
90 Moulin aux Aygalades.

—

CHAVET (**Victor**),
à Paris.

91 La Réflexion.
92 Jeune Femme,
Tableau appartenant à M. Rabier.

—

CHENILLION (**Victor**),
à Marseille.

93 Cour des Ambassadeurs d'Angleterre auprès des Ducs de Bourgogne, à Dijon (Côte-D'Or). *Aquarelle.*

—

CHÉRELLE (**Léger**),
rue de Seine, 48, à Paris.

94 La Reine des Fleurs.
95 Martyre de sainte Inéce.

—

CHEVALIER,
rue Sainte-Monique, à Lyon.

96 Paysage (Isère).
97 Vue de Pont-Chéri (Isère).

—

CORSO (**Jules**),
à Marseille.

98 Détails de la Cathédrale de Palerme. *Aquarelle.*
99 Détails du temple de Vesta. *Aquarelle.*
100 Vue de Suisse. *Idem.*
101 Vue de Suisse. *Idem.*

COSTE,
rue du Laminoir, à Toulon (Var).

102 Un Geai.
Nature morte.

—

CORDOUAN,
rue Champ-de-Mars, 45, à Toulon.

103 Vue prise aux environs de Toulon. *Pastel.*
Tableau appartenant à M. L. Falque.
104 Vue d'Afrique. *Pastel.* Idem.
105 Paysage (Environs de Toulon).
106 Marine. *Pastel.* Appartenant à M. R. ***
107 Paysage. *Pastel.* Idem.

—

COUDER (Alexandre),
à Paris.

108 Nature Morte.
Tableau appartenant à M. Racine.

—

CRAPELET (A),
à Marseille.

109 Place de l'Hôtel-de-Ville, à Aix (Provence). *Aquarelle*
110 Un Moulin. (Souvenir de la Flandre.) *Idem.*
111 Le Village des Catalans (Marseille.) *Idem.*
112 Le Village des Stes-Maries. (Souvenir de la Camargue). *Idem.*

—

CROZET (Joseph),
à Marseille.

113 Etude d'après nature. *Paysage.*

—

DAUZATS,
à Paris.

114 Intérieur de l'église du couvent de Sainte-Catherine, au Mont Sinaï.

DEBON (Hippolyte),
rue des Petites-Ecuries, 13, à Paris.
115 François Ier et La Féronnière.

—

DECAISNE,
rue Larochefoucauld, 17. à Paris.
116 Scène familière (Versailles).

—

DEHEYDER,
rue Notre-Dame-de-Nazareth, 29, à Paris.
117 Lièvre, Faisan, et autres Gibiers.
118 Canard, Sarcelle et Fruits.
119 Nature morte.

—

DELBARRE,
à Paris.
120 Paysage.
121 Paysage.

—

DEYRIEUX,
rue Thomassin, 9, à Lyon.
122 Groupe de Fruits au pied d'un arbre.
123 Fruits sur une table.
124 Le Retour du marché.

—

DIAZ,
à Paris.
125 Nymphes dans un bois.
Ce tableau appartient à M. Racine.
126 Bouquet de Fleurs.

—

DODÉRO,
à Marseille.
127 Daguerréotype sur papier.
128 Daguerréotype sur papier.

DOERR (Charles),
rue Lafayette, 34, à Paris.

129 Mort de l'empereur Claude.

Agrippine vient de faire empoisonner Claude, son mari, aidée par un médecin qui, sous prétexte de lui donner des soins, le fait mourir en lui introduisant dans le gosier une plume empoisonnée.

—

DOZE (Melchior),
quai de la Fraternité, Maison Raybaud, à Nimes.

130 Méditation de l'Ermite.
131 L'Amour outragé.

—

DUCLAUX (A),
à Lyon.

132 Les Brebis mal gardées.
133 La Vache au Veau.

—

DUMAX (Ernest),
quai Saint-Michel, 19, à Paris.

134 Vue prise à Amalfi (Golfe de Salerne, royaume de Naples).
135 Vue prise à Torre del Greco (Golfe de Naples).
136 Un Alchimiste.

—

DUPREZ (Victor),
à Paris.

137 Paysage

—

ESTACHON,
rue Pont-Moreau, 19, à Aix.

138 Petite Baigneuse.
139 Nature morte.
140 Nature morte.

—

ESPINASSE (A.),
à Marseille.

141 Un Tonnelier pansant son doigt.

ESPINETTI,
à Marseille.

142 Portrait de Madame. ***.

—

ESTIEU (Léon),

143 Vue de Constantinople.

—

ESTUBLIÉ (Laurent),
à Marseille.

144 Vue des environs de Marseille.
145 Vue de la Verrerie (Marseille).

—

FINART (Noël-Dieudonné),
rue Lemercier, 57, aux Batignoles, près Paris.

146 Enlèvement d'une femme.

—

FOIRESTIER (Mlle) (Laure),
Grande-Rue de Paris, 167, à Belleville.

147 La Plage.

—

FRÈRE (Théodore),
à Paris.

148 Fontaine de Lagarin.

—

GABRIEL (E.),
à Marseille.

149 Jardin botanique de Marseille.
150 Plan du Jardin.

—

GARNERAY,
rue des Martyrs, 24, à Paris.

151 Vue du Cap Noli, Côte de Gênes.
152 Vue de l'embouchure de l'Elbe.

GALIBERT,
à Marseille.

153 Portrait de femme.

—

GUENAUD (Mme),
rue des Fossés-Saint-Germain-l'Auxerrois, à Paris.

154 Souvenir de Touraine.

—

GIROUX (Achille),
à Paris

155 Chevaux au pâturage.

—

HAMON (Pierre-Paul),
rue Lemercier, 33, aux Batignoles, Paris.

156 Effet de lune.
157 Souvenir de Normandie,
Tableau donné à la Société par l'auteur.

—

HÉDOUIN (Edmond),
rue de l'Université, 58, à Paris.

158 Danse mauresque dans une Smalah (environ de Constantine).
159 Gravure à l'eau forte de la Vierge consolatrice de Papety,
Prime donnée aux souscripteurs de la Société.

—

HÉROULT,
rue de Chabrol, 14, à Paris.

160 Le Canal de Gand.
161 Un Moulin.

162 Une Tour de sauvetage.

—

HILLEMACHER (E),
rue Lafayette, 34, à Paris.

163 La Fortune et le Jeune enfant.

La fortune passa, l'éveilla doucement,
Lui disant : Mon mignon, je vous sauve la vie.
Soyez, une autre fois, plus sage, je vous prie,
Si vous fussiez tombé, l'on s'en fût pris à moi.

LAFONTAINE, liv. V, fable XI.

—

HOGUET
à Paris.

164 Paysage.

—

HOUSSE (Gustave),
rue Blanche, 17, à Paris.

165 Jeanne d'Arc secourant un prisonnier anglais.

« Un soldat français ayant frappé un prisonnier à la tête,
« celui-ci tomba mourant. Jeanne descendit de cheval et le
« prit dans ses bras, comme une sœur de la Miséricorde. »

(*Histoire de Jeanne d'Arc.*)

—

HUBERT,
rue du Delta, 12, à Paris.

166 Intérieur de forêt.
167 Intérieur de forêt.— Cabane de bûcheron.

—

JARRY (Joseph),
dessinateur de la Ville de Marseille.

168 Un Dessin à la plume, d'après nature, représentant le clocher de la cathédrale d'Uzès (Gard).

JAUBERT (Anatole),
à Marseille.

169 Une locomotive.
170 Intérieur d'une locomotive.

—

JOLIVARD (A),
boulevard Saint-Martin, 69, à Paris.

171 Une Chute d'eau, prise, d'après nature, aux environs de Maur.

—

JOYANT (B),
rue du Nord, 13, à Paris.

172 Un Canal à Venise.
173 Le Canal de la Giudeca, à Venise.
174 Fabrique sur les bords du Tibre, à Rome.
175 Une Plage, à marée basse. Effet de soleil couchant.

—

LABRADOR,
place Vendôme, 16, à Paris.

176 La Pandore.

—

LAGIER (Eugène),
à Marseille.

177 Portrait de Mme ***. *Aquarelle,*
178 Portrait de Mme G***. *idem.*
Ces deux tableaux appartiennent à M. Pascalis.
179 Portrait de Mlle ***.
180 Coquetterie.
181 Portrait de M. T***.

—

LAINÉ (Adrien),
au ministère de la Marine, à Paris.

182 Souvenir de la Hollande.
183 Débarcadère de la porte de l'Intendance, à Alger (Afrique).

184 Le Matin. Etude d'après nature. *Pastel.*
185 Marine. Côte de Normandie. *Pastel.*
Ces deux pastels sont donnés à la Société par l'auteur.

—

LAMY (Jh.),
à Marseille.

186 Portrait.
187 Sommeil de l'Enfant Jésus.
188 Le roi Réné, occupé à peindre, au moment où un de ses hommes d'armes vient lui annoncer la perte d'une ville, ne se dérange pas de son travail.

—

LAMY (Augustin),
de Marseille.

189 Portrait de M. D***.
190 Portrait de Mme M***.

—

LANOUE (Hyppolite),
rue Fontaine-Saint-Georges, 21, à Paris.

191 Vue de l'étang de Saint-Hubert, près Versailles (Seine-et-Oise).
192 Vue prise au Bas-Préau. D'après nature.

LAPITO (Louis-Auguste),
rue Neuve-des-Petits-Champs, 69, à Paris.

193 Les Rochers du Calvaire (Forêt de Fontainebleau).
194 Lieu dit *le Nid de l'Aigle* (Fôrêt de Fontainebleau.

—

LAUGÉE (Désiré-François),
rue de l'Oratoire, 13, aux Champs-Elysées, à Paris.

195 La Ferme.
196 La Fileuse.
197 Chat-Huant. Nature morte.

—

LAURENT (F),
rue du Chomp-de-Mars, 1, à Toulon.

198 Ancien monastère de l'Averne.

LAURENT,
à Paris.

199 La Déclaration.

LELEUX (Armand),
rue Pierre-Sarrazin, 9, à Paris.

200 Juan de Tolède, peintre espagnol.
201 Le Matin d'un Artiste.
202 Intérieur d'une cuisine bernoise,
Tableau donné à la Société par l'artiste.

LELEUX (Adolphe),
rue Neuve-Richelieu, 5, à Paris.

203 Marchand de Hannetons.
204 Souvenir de la Basse-Bretagne.
205 Un Maquignon.

LEPRINCE (Léopold),
de Paris.

206 Charles VI dans la Forêt du Mans. Paysage.

LESECQ (Henri),
quai Bourbon, 35, île Saint-Louis, à Paris.

207 La Canne et le Parapluie.

LOUBON (Emile),
directeur de l'école de dessin de la ville de Marseille.

208 Souvenir des environs d'Aix.

LONGUET (M.-A.),
rue Sainte-Croix-de-la-Bretonnerie, 50, à Paris.

209 Nymphe.
210 Jeune Paysanne.
Tableau appartenant à M. Rabier.

K.-A.,
de Marseille.

211 L'Eglise la Major (Marseille).
212 Porte de la Joliette (Marseille).

—

MAGAUD (Antoine),
rue Fontaine Saint-Georges, 37, à Paris.

213 Portrait de M ***
214 Un marchand juif.
215 Le Petit ramoneur.
216 Dessin d'après la Vierge consolatrice de Papety.
Ce dessin appartient à la Société et fera partie de la Loterie qui sera tirée à la fin de l'exposition.

—

MARBEAU (Philippe),
rue de Rome, 31, à Marseille.

217 Jésus et la Samaritaine.
218 Emigration d'un troupeau (Provence).
219 Causerie.

—

MILLON,
à Paris.

220 Vue intérieure de Saint-Etienne-du-Mont.

—

MULLER (Louis-Charles),
à Paris.

221 Portrait de Jeune fille.
Appartenant à M. Plagniol (de James).
222 Tête de femme.
223 Tête de femme.
Ces deux tableaux appartiennent à M. Louis Régis.

NOËL

rue Lemercier, 33, aux Batignoles, près Paris.

224 Jeune italienne à la fontaine.
225 Pifferari devant la Madone.

—

NÈGRE (Charles),

quai Bourbon, 21, Ile Saint-Louis, à Paris.

226 La mort de Saint-Paul, ermite.
227 Sentier perdu.
228 Les Sorcières. Paysage.

« Trois fois le chat tigre a miaulé. Hâtons-nous; il est temps.

229 Coronis, mère d'Esculape.
230 Léda.
231 La Lecture.

—

OLLIVIER (Achille),

232 Scène de naufrage,
Appartenant à M. Aubert, docteur en médecine.

—

OUVIÈRE (François),

à Marseille.

233 Tracé de la Projection du cône d'ombre de la lune, sur la Sphère terrestre, pendant l'éclipse de soleil du 28 juillet 1851.

—

OUVRIÉ (Justin),

rue de la Bruyère, 22, à Paris.

234 Vue du château d'Angers.

—

PAPETY (Dominique),

235 Un chanteur de Tivoli. *Aquarelle.*
236 Une femme de Sorrente. *Aquarelle.*
237 Uue mère couchée tenant son enfant dans ses bras. (*Aquarelle*)
Appartenant à M. le docteur Martin.

238 Jeunes filles grecques à la fontaine.
Appartenant à M. le docteur Martin.
239 Un jeune pâtre (esquisse).
Appartenant à M. le docteur Martin.

—

PAYAN (Mlle),
à Marseille.

240 Portrait.

—

PEYRONNET (S.),
Côte Saint-Sébastien, 9, à Lyon.

241 Repos d'une pauvre famille en voyage. (Environs de Gênes).

—

PARMENTIER (Félix),
rue neuve Saint-Nicolas, 3, à Paris.

242 Le Mésange privé.
243 Une fête de village.
244 La leçon de musique.

—

PERRIGNON,
place de la Bourse, 5, à Paris.

245 Clémence de Louis XII, surnommé le père du peuple.

« Après avoir repris le Milanais, sur lequel il avait des droits, « et avoir vaincu Louis Sforce, qui avait révolté Milan contre « les Français, Louis XII lui pardonne, rétablit l'ordre dans « le pays et arrête les malheurs de la guerre. »

—

LE POITEVIN,
à Paris.

246 Le Mur mitoyen
Tableau appartenant à M. Racine.

PLUYETTE (A.-V.),

rue de Chabrol, 14, à Paris.

247 Ugolin et ses enfants.

—

PHILIPPOTEAUX (Félix),

rue Carnot, près le Luxembourg, 5, à Paris.

248 Dernier banquet des Girondins, la veille de leur exécution, 30 octobre 1793.

« Ils écoutent avec recueillement les dernières et éloquentes « paroles de Vergniaud. Près de lui sont Gensonné, Mainvielle, « Duchâtel et Duprat; l'évêque du Calvados, Fauchet, debout « entre Lasource, pasteur protestant, et le comte de Sillery-« Genlis, ont déjà quitté la table. En face de Vergniaud se « trouvent Carra, Duperret, Gardien et les deux beaux-frères « Fonfrède et Roger-Ducos, debout dans l'angle du tableau. « Brissot est assis, tenant à la main le manuscrit justificatif « qu'il composa dans la prison. Le corps de Valazé, qui s'était « frappé devant le tribunal, fut déposé sur un brancard et « rapporté dans le cachot. Les autres condamnés étaient Vigée, « Antiboul, Boileau, Lehardy, Lacaze et Lesterpt Beauvais.»

249 Halte de chevau-légers dans une forêt (16e siècle).

—

PONTHUS-CINIER,

place Montazet, 1, à Lyon.

250 Le Pont de la Vallée. Effet d'automne.

—

POTTIN (Henri),

rue de la Chaussée-d'Antin, 29, à Paris.

251 La Leçon de musique.

—

PRON (Hector),

quai de la Tournelle, 11, à Paris.

252 Environs de Saumur (Côte d'Or).
253 Rive de la Seine.

P* (Mme)**
à Marseille.

254 Portrait de M***.

—

QUECQ (Jacques-Édouard),
avenue Trudaine, 23, à Paris.

255 Diogène et Laïs.

« Laïs, née à Hycara, en Sicile, captive des Athéniens à l'âge « de sept ans, fut transportée à Corinthe; sa beauté et ses « grâces attirèrent dans la foule de ses adorateurs des person- « nages du plus grand mérite. Elle plut à l'austère Diogène, « et dans leurs entrevues, la beauté de Laïs assujettissait le « philosophe, et la femme galante et recherchée dans ses « ajustements, ne dédaignait pas le manteau troué de Diogène.»

256 Le chasseur en danger. Episode de chasse au marais.

—

RAHOULT,
rue du Bœuf, à Grenoble.

257 Le Maléfice.
258 La Maison des Sergents. Souvenir de Miolans, en Savoie.

—

REY (L), commis de marine,
rue Champ-de-Mars, 36, à Toulon.

259 Vue prise au Fort Ste-Marguerite (Côtes de Toulon). *Pastel.*

—

REY (Mme) (Constance), née **COURDOUAN,**
rue Champ-de-Mars, 36, à Toulon.

360 Vue prise sur les bords du Gapeau (Var). *Pastel.*

—

REYBAUD (François),
à Marseille.

261 Projet d'une église dédiée à Saint-François-de-Paule.
262 Élévation de la façade principale.
263 Coupe longitudinale, suivant la ligne A B du plan.

ROUSSEAU,
à Paris.

264 Nature morte.

—

REYNAUD,
de Marseille.

265 Portrait.

—

SALLES (Jules),
rue de la Maison-Carrée, à Nimes.

266 Juniola racontant à ses compagnes l'histoire de Phylax.
« Vers la fin du récit, les couronnes, les guirlandes, à de-
« mi-tressées, étaient tombées de leurs mains;..... et les fleu-
« ristes écoutaient encore, quoique leur amie eût cessé de
« parler. »
267 La Pélerine se rendant à Rome.
268 Offrande à Vénus.
269 L'Amour désarmé.

—

SERRUR (Calixte),
rue de l'Abbaye, à Paris.

270 Portrait de femme (domino).
271 Portrait de femme (bergère).
272 Portrait de femme (Louis XIV).
273 Portrait de femme (Louis XIV).

—

SERVAN,
rue Sainte-Hélène, 39, à Lyon.

274 Grand Paysage historique.
« David célèbre les magnificences de la création, en gar-
« dant ses troupeaux. »

—

SIEURAC,
à Marseille.

275 Une Pensée (portrait).

SIMON (François),
à Marseille.

276 Portrait du docteur G ***.

277 Le Vacher.
278 Troupeau dans un pré.
279 Portrait de femme.
280 Portrait de Religieuse.

—

SOUPLET (Ulysse),
rue de Chabrol, 16, à Paris.

281 Une Forge.
282 Un Tisserand.
283 Paysage au mois de mai.

—

SORIEUL (Jean),
rue de Chabrol, 16, à Paris

284 Waverley et le colonel Talbot.
(Walter Scott.)

—

STEPHEN (Mme) (Pauline), élève de Thénot,
rue Saint-Dominique-Saint-Germain, 50, à Paris.

285 Paysage. *Pastel.*

—

STOCK (Henri),
rue Saint-Lazare, 10, à Paris.

286 Marine.

—

SUTTER,
rue Saint-Lazare, à Paris.

287 Vue des environs de Gènes.
288 Ruines du temple de Vénus à Rome, vue prise du Collisée.

S * (Mlle)**, élève de M. Romégas,
à Marseille.

289 Sainte-Catherine.

—

TAMISIER (Auguste),
rue du Treuil, 101, à Saint-Etienne.

290 Vue prise dans le Puy-de-Dôme (effet d'été, le matin.)
291 Vue prise dans le Puy-de-Dôme (effet d'automne).
292 Moulin d'Albafond (Corrèze).

—

TENOT,
rue des Petits-Augustins, 22, à Paris.

293 Vue de la Rivière de l'Aar (Suisse). *Pastel.*

—

THIERRAT,
conservateur du Musée, à Lyon.

294 Avril. *Aquarelle.*
295 Mai. *Aquarelle.*

—

TROUY,
à Paris.

296 Paysage.

—

VIGANONI,
à Milan.

297 Cantique de Salomon.
Cantique VII, chap. II.

—

VALETTE,
à Castres.

298 Etude de châtaignier. *Mine de plomb.*
299 Vue d'Ambialet (Tarn). *Pastel.*

300 Une promenade en Auvergne.
Cadre renfermant quatre croquis, donné à la Société par l'auteur.

301 Vue prise à Royat (Puy-de-Dôme). *Crayon.*

302 Le château de Montespieu (Tarn). *Crayon.*

—

VERDIER (Marcel),
chemin de ronde de la Barrièrre Clichy, 7, à Paris.

303 Le Gland et la Citrouille.

304 La Bouquetière.

—

VERHEYDEN,
place de l'Esplanade, à Anvers.

305 Le retour des champs.
Ce tableau appartient à M***.

—

VIGNON (Jules), médailliste d'or de l'exposition de Londres,
rue Montmartre. 76, à Paris.

306 Le Repos.

307 Paysage (le soir).

308 Portrait de feu M. le duc d'Orléans.

309 Les Italiennes au Tombeau. *Dessin à la mine de plomb.*

—

V *,**

310 Amazone.

—

X *.**

311 Le repos du Roulier.

—

ZIER (Victor),
rue de Crussol, 24, à Paris.

312 Scène de Naufrage.

313 Jupiter et Léda.

314 Sainte Geneviève.

SCULPTURE.

—

ALDEBERT (Emile),
de Marseille.

1 Spartacus blessé.
2 Un Génie éteint.

—

BONHEUR (Mlle) (Rosa),
rue de l'Ouest, à Paris.

3 Taureau.
4 Taureau beuglant.
5 Mouton.

—

BONHEUR (Isidore),
rue de l'Ouest, à Paris.

6 Une Lionne.
7 Cheval demi-anglais.
8 Gazelle d'Algérie.
9 Vache.
10 Bœuf.
11 Cheval.
12 Lapin.
13 Chèvre couchée.

—

CAHIER (Léon),
à Marseille.

14 Saint François-de-Paule, étant en prière, un ange lui apporte un *Charitas* pour devise et blason de son Ordre. *Bas-Relief* devant être exécuté en dimensions doubles, au

tympan de la porte principale du couvent des Dames Minimes, construit par M. Reybaud, rue de l'abbé Féraud.

15 Les Disciples d'Emmaüs.

Porte de tabernacle, exécutée en bronze, à la chapelle du Sacré-Cœur, dans l'église Notre-Dame-du-Mont.

16 Portrait de M. Jenneval.

17 Portrait de Mlle F***.

18 Portrait de M. C***.

—

CHAUVET (L.),
à Marseille.

19 Hyacinthe blessé par Apollon.

—

DELMAS,
à Marseille.

20 Cadre ovale en terre cuite.

21 Cadre ovale en terre cuite.

22 Cadre ovale en terre cuite.

—

JALEY,
à Paris.

23 La Rêverie.

Donné à la ville de Marseille par le ministre de l'intérieur.

—

LABORDE,
à Marseille.

24 Buste en plâtre, d'après nature.

—

MAGNE (Charles),
à Marseille.

25 Extase de Sainte Magdeleine. Bas-Relief en plâtre.

26 Le Triomphe d'Amphitrite. Bas-Relief en plâtre.

27 La Nuit (sujet allégorique). *Plâtre.*

28 La Jalousie. *Plâtre.*

MICHEL,

rue des Gantiers, 16, à Aix.

29 Frise en marbre blanc.

—

OLIVE (Antoine),

Professeur de sculpture à l'école de dessin d'Aix.

30 La Sainte Famille. Bas-Relief.

—

POITEVIN (P.),

à Marseille.

31 Briséis quittant la tente d'Achille. Statuette.
32 Une main en marbre.
33 Buste de M. R. B.

—

SIMON (J.-B.),

à Marseille.

34 Conversion de saint Paul.
35 Mazeppa.
36 L'Ange déchu.
37 La Vérité chrétienne.

—

RAMUS (Marius),

à Marseille.

38 Buste en marbre de M. W. P***.

SUPPLÉMENT.

ARNAUD-DURBEC,
à Marseille.

1 Portrait des enfants de M***

—

LAMY (Augustin),
à Marseille.

2 Portrait de M.***

—

LEPRINCE (Léopold),
à Paris.

3 Paysage. — Charles VI dans la forêt du Mans.

—

PEYRON (André),
à Marseille.

4 Puget (Pierre), sculptant le bas-relief de la Peste de Marseille.

—

POITEVIN,
à Marseille.

5 Une Pomone.

—

RAMUS,
à Marseille.

6 Une Sainte Vierge. *Argile.*

Modèle de la statue colossale qui doit être posée sur le clocher de Notre-Dame-de-la-Garde.

ROCHE (Émile),
à Marseille.

7 Effet de clair de lune.

—

ROMÉGAS,
à Marseille.

8 Vue de l'entrée du port de La Ciotat.

—

ROHEN,
quai Voltaire, 19, à Paris.

9 La Vierge et l'Enfant Jésus.
10 Cour rustique d'après nature.

www.ingramcontent.com/pod-product-compliance
Ingram Content Group UK Ltd.
Pitfield, Milton Keynes, MK11 3LW, UK
UKHW020215180726
13838UKWH00005B/2007